Wenn es um Salat geht,

so darf man mischen, was gut schmeckt
und herzhaft frisch ist.
Nahrhafte Grundlagen wie Nudeln, Reis, Kartoffeln
oder Getreide gewinnen durch frische Kräuter
und feine Gewürze an Aroma. Käse, Wurst, Garnelen,
Eier oder Schinken sind sowohl reizvolle
als auch sättigende Zutaten.
Phantasie und »man nehme, was vorhanden ist«
sind in der Salat-Küche Trumpf!
Wichtig: Alle Rezepte sind für 4 Personen berechnet.

Übrigens: kJ und kcal unter den Rezepten
bedeuten Kilojoule und Kilokalorien.
Die Umgangssprache sagt dazu
Joule und Kalorien.

Tomatensalat mit Eiern

Ein erfrischender und trotzdem sättigender Sommersalat.

4 kleine Salatkartoffeln · 4 Eier
2 große Fleischtomaten
1 große Zwiebel · 1 Handvoll Feldsalat,
möglichst kleine Stauden
12 schwarze Oliven · 2 Eßl. Kräuteressig
schwarzer Pfeffer, frisch gemahlen
½ Teel. Salz · 2 Eßl. Öl
2 Eßl. Schnittlauchröllchen
● Zubereitungszeit: 1 Stunde

1

Die Kartoffeln unter fließendem Wasser gründlich bürsten, in einen Topf geben, von heißem Wasser bedeckt zum Kochen bringen. Die Temperatur zurückschalten, den Topf zudecken und die Kartoffeln in etwa 25 Minuten garen.

2

Die Eier mit einer Stecknadel am runden Ende einstechen. Einen halben Liter Wasser zum Kochen bringen. Die Eier einzeln mit einem Löffel ins kochende Wasser legen, die Temperatur zurückschalten und die Eier in etwa 12 Minuten hart kochen.

3

Die Tomaten waschen, abtrocknen und in Scheiben schneiden, die harten Stielansätze entfernen.

4

Die Zwiebel schälen und in möglichst dünne Ringe schneiden (Seite 18/19). Den Feldsalat gründlich waschen, abtropfen lassen und die Wurzelenden entfernen.

5

Die gegarten Kartoffeln abgießen, kalt abschrecken und abkühlen lassen.

6

Die Eier abgießen, kalt abschrecken, schälen und ebenfalls abkühlen lassen.

7

Die Kartoffeln schälen und in Scheiben schneiden, ebenso die Eier.

8

Die Tomaten-, Kartoffel- und Eischeiben fächerförmig abwechselnd auf einer großen Platte anrichten und die Zwiebelringe dazwischen verteilen. Den Feldsalat auf dem Tomatensalat anrichten und die Oliven darüber verteilen.

9

Den Essig mit Pfeffer und dem Salz verrühren, mit dem Öl und dem Schnittlauch mischen und über den Salat träufeln.

Pro Person etwa 1135 kJ/270 kcal
11 g Eiweiß · 14 g Fett · 24 g Kohlenhydrate

Tomatensalat mit Eiern

Salade niçoise

Der berühmte Salat aus Nizza besteht zwar aus vielerlei Zutaten, ist aber leicht zuzubereiten.

1 kleiner Kopf grüner Salat
½ Salatgurke (etwa 200 g) · 4 Tomaten
1 Zwiebel · 150 g Thunfisch aus der Dose
8 Anchovisfilets aus dem Glas
24 schwarze Oliven · 1 Eßl. Weinessig
¼ Teel. Salz · 4 Eßl. Olivenöl
2 Prisen weißer Pfeffer, frisch gemahlen
2 gute Prisen getrocknete provenzalische
Kräuter · 2 hart gekochte Eier
● Zubereitungszeit: 35 Minuten

1

Den Kopfsalat in einzelne Blätter zerpflükken, die Blätter unter fließendem kaltem Wasser waschen, gut abtropfen lassen und trockentupfen.

2

Die Gurke waschen, abtrocknen und ungeschält in dünne Scheiben hobeln oder schneiden.

3

Die Tomaten waschen, abtrocknen, in Achtel schneiden und dabei die harten Stielansätze entfernen.

4

Die Zwiebel schälen und in möglichst dünne Ringe schneiden (Seite 18/19).

5

Den Thunfisch abtropfen lassen und in gleich kleine Stücke zerteilen.

6

Die Anchovisfilets der Länge nach halbieren. Die Oliven kurz kalt waschen und trockentupfen.

7

Die Salatblätter in kleine Stücke reißen und mit den Gurkenscheiben, den Tomatenachteln, den Zwiebelringen, den Thunfischstücken, den Anchovisstreifen und den Oliven in einer großen Schüssel locker mischen.

8

Den Essig mit dem Salz verrühren, das Öl hinzufügen und alles mit dem Pfeffer und den getrockneten Kräutern vermischen. Diese Sauce unter den Salat heben.

9

Die Eier schälen, in Achtel schneiden und den Salat mit den Eiachteln garnieren.

Pro Person etwa 1835 kJ/435 kcal
22 g Eiweiß · 35 g Fett · 9 g Kohlenhydrate

Salade niçoise

Chicoréesalat mit Obst

Mit einem Butterbrot ein erfrischendes und bekömmliches Essen.

2 mittelgroße Stauden Chicorée
1 kleine Banane · 1 säuerlicher Apfel
1 Eßl. Zitronensaft · 1 Orange
1 Messerspitze Salz · 1–2 Teel. Ahornsirup
je 1 Messerspitze geriebener Meerrettich und milder Senf · 6 Eßl. Magerjoghurt
4 Eßl. Crème fraîche · 2 Eßl. Haselnüsse
● Zubereitungszeit: 45 Minuten

1

Die äußeren schlechten Blätter von den Chicoréestauden entfernen. Die Stauden lauwarm waschen, abtrocknen und die Wurzelenden entfernen.

2

Die Stauden halbieren und an dem unteren Teil mit einem spitzen Messer den sichtbaren kleinen Keil herausschneiden; denn in dem Wurzelende sind die meisten Bitterstoffe enthalten.

3

Die Chicoréestauden quer in 1 cm breite Scheiben schneiden, die dann zu Streifen zerfallen.

4

Die Banane schälen, längs halbieren und die beiden Hälften in dünne Scheibchen schneiden.

5

Den Apfel waschen, schälen, vierteln, vom Kerngehäuse befreien und die Apfelviertel in Scheiben schneiden. Die Apfel- und Bananenscheibchen mit dem Zitronensaft beträufeln, damit sie sich nicht braun verfärben.

6

Die Orange schälen, die weiße Unterhaut sorgfältig entfernen. Die Orange in Spalten teilen, die Spalten vierteln und dabei die Kerne entfernen.

7

Die Chicoréestreifen, die Bananen- und Apfelscheibchen mit den Orangenstücken in einer großen Schüssel locker mischen.

8

Das Salz, den Sirup, den Meerrettich und den Senf mit dem Joghurt und der Crème fraîche verrühren. Unter den Salat heben.

9

Die Haselnüsse mit einem scharfen Küchenmesser auf einem Brett in feine Scheibchen schneiden und vor dem Servieren über den Salat streuen.

Pro Person etwa 765 kJ/180 kcal
4 g Eiweiß · 9 g Fett · 22 g Kohlenhydrate

Chicoréesalat mit Obst

Griechischer Bauernsalat

Favorit der letzten Jahre, weil die griechische Küche immer beliebter wurde.

½ Knoblauchzehe
1 große grüne Paprikaschote
1 große Zwiebel · ½ Salatgurke
2 Fleischtomaten · 2 Eßl. Zitronensaft
½ Teel. Salz · ½ Teel. Zucker · 4 Eßl. Öl
150 g Schafkäse · 50 g schwarze Oliven
1 gute Prise getrockneter Oregano
1 Bund Basilikum

- Zubereitungszeit: 40 Minuten
- Zeit zum Durchziehen: 20 Minuten

1

Die Knoblauchzehe schälen und eine Salatschüssel gründlich damit ausreiben.

2

Die Paprikaschote halbieren, von Stielansatz, Rippen und Kernen befreien. Die Schotenhälften waschen, abtrocknen und auf einem Brett in Streifen schneiden.

3

Die Zwiebel schälen, in Ringe schneiden.

4

Die Salatgurke waschen, abtrocknen und in Würfel schneiden.

5

Die Tomaten waschen, vierteln und dabei die harten Stielansätze ausschneiden. Die Tomatenviertel in kleine Stücke schneiden.

6

Den Zitronensaft zuerst mit dem Salz und dem Zucker verrühren, dann mit dem Öl mischen.

7

In einer großen Salatschüssel die Paprikastücke, die Zwiebelringe, die Gurkenwürfel und die Tomatenstücke mit der Salatsauce mischen.

8

Den Schafkäse auf einem Brett in Würfel schneiden und mit den Oliven und dem Oregano unter den Salat mischen.

9

Den Salat zugedeckt bei Raumtemperatur 20 Minuten durchziehen lassen.

10

Das Basilikum waschen, trockenschleudern, die groben Stengel abschneiden und die Blättchen in Streifen schneiden.

11

Den Salat vor dem Servieren mit den Basilikumstreifen bestreuen.

Pro Person etwa 1330 kJ/315 kcal
8 g Eiweiß · 25 g Fett · 14 g Kohlenhydrate

Griechischer Bauernsalat

Bunter Kartoffelsalat

Die Kartoffeln für den Salat kocht man am besten schon am Vortag und bewahrt sie im Gemüsefach des Kühlschranks auf.

800 g festkochende gleich große Salatkartoffeln · 1 Teel. Kümmel
¼ l Gemüsebrühe (aus einem halben Würfel)
1 kleiner Bund Frühlingszwiebeln
100 g Senfgurke (Glas)
1 säuerlicher roter Apfel
200 g junge Zucchini · 2 Eßl. Apfelessig
3 Eßl. Leinöl · Salz
3 Eßl. frisch geschroteter Leinsamen

- Zubereitungszeit: 1 Stunde und 10 Minuten
- Zeit zum Durchziehen: 1 Stunde

1

Die Kartoffeln unter fließendem kaltem Wasser gründlich bürsten. In einem Topf mit so viel kochendem Wasser übergießen, daß sie bedeckt sind. Den Kümmel hinzufügen und die Kartoffeln zugedeckt bei mittlerer, später bei schwacher Hitze in etwa 30 Minuten gar kochen. Die Kartoffeln kalt abbrausen und abkühlen lassen.

2

Die Gemüsebrühe vor der Verwendung aufkochen lassen.

3

Von den Frühlingszwiebeln die Wurzelenden und die groben grünen Blattenden abschneiden, dann gründlich waschen und in feine Ringe schneiden. Die Senfgurke in Würfel schneiden.

4

Den Apfel waschen, abtrocknen, vierteln, das Kerngehäuse entfernen, die Apfelviertel schälen und in Würfel schneiden.

5

Die Zucchini waschen, abtrocknen, beide Enden großzügig entfernen und die Zucchini ebenfalls würfeln (Seite 18/19).

6

Die Kartoffeln pellen, dann in Scheiben schneiden.

7

Die Kartoffeln mit der heißen Gemüsebrühe mischen und die kleingeschnittenen Zutaten unterheben.

8

Den Apfelessig mit 2 Eßlöffeln Gurkensud und dem Leinöl mischen, unter den Salat heben und den Salat, wenn nötig, noch mit etwas Salz abschmecken. Den Salat 1 Stunde zugedeckt bei Raumtemperatur durchziehen lassen. Zuletzt mit dem geschroteten Leinsamen bestreuen.

Pro Person etwa 1235 kJ/295 kcal
8 g Eiweiß · 10 g Fett · 44 g Kohlenhydrate

Bunter Kartoffelsalat

Provenzalischer Salat

Diese Salatkombination läßt sich besonders hübsch mit den blauen Blüten vom Borretsch garnieren.

1 kleiner Kopf grüner Salat
2 Stauden Radicchio · 2 Bund Kerbel
4 Blättchen frischer Portulak oder Borretsch · 2 Knoblauchzehen
Rinde von 2 Scheiben Mischbrot
2 hartgekochte Eier · 2 Eßl. Obstessig
1 Teel. scharfer Senf · ½ Teel. Salz
schwarzer Pfeffer, frisch gemahlen
5 Eßl. Olivenöl
● Zubereitungszeit: 30 Minuten

1

Den Kopfsalat und den Radicchio in einzelne Blätter zerteilen, die Wurzelenden entfernen. Die Salatblätter unter fließendem kaltem Wasser gründlich abbrausen, gut abtropfen lassen und zuletzt trockentupfen. Die Salatblätter dann in kleinere Stücke reißen.

2

Den Kerbel und die Portulak- oder Borretschblättchen ebenfalls kalt waschen, die einzelnen Blättchen trockentupfen, die Bündel trockenschleudern.

3

Die Kräuter auf einem Brett grob kleinschneiden und mit den vorbereiteten Salatblättern in einer Schüssel gut mischen.

4

Die Knoblauchzehen schälen, eine Zehe halbieren und die Brotrinden damit kräftig einreiben. Die Knoblauchzehen dann kleinhacken.

5

Die Brotrinden mit einem scharfen Messer auf einem Brett in kleine Würfel schneiden und mit den Knoblauchstückchen unter den Salat heben.

6

Die Eier schälen und kleinhacken. Das geht am saubersten mit einem Eischneider, indem man jedes Ei einmal längs und noch einmal quer durchschneidet.

7

Den Essig mit dem Senf, dem Salz und Pfeffer verrühren, mit dem Öl mischen. Die Sauce über den Salat gießen und alle Salatzutaten noch einmal vermengen.

8

Den Salat vor dem Servieren mit den gehackten Eiern bestreuen.

Pro Person etwa 830 kJ/200 kcal
7 g Eiweiß · 16 g Fett · 7 g Kohlenhydrate

Provenzalischer Salat

Salat aus Hähnchenbrust und Avocado

Besonders gut für Gäste geeignet.

400 g Hähnchenbrustfilets ohne Haut
2 Eßl. Öl · ½ Teel. Salz
1 reife Avocado · 3 Eßl. Zitronensaft
1 große Orange · 2 kleine rote Zwiebeln
je 1 Prise Cayennepfeffer, Zucker und schwarzer Pfeffer, frisch gemahlen
½ Teel. Salz · 3 Eßl. Olivenöl
½ Kästchen Kresse
● Zubereitungszeit: 1 Stunde

1

Die Hähnchenbrustfilets kalt waschen, trockentupfen und in etwa 1 cm dicke Scheiben schneiden.

2

Das Öl in einer großen Pfanne erhitzen. Die Filetscheiben von jeder Seite etwa 2 Minuten scharf anbraten und nach dem Wenden leicht salzen. Dann aus der Pfanne nehmen und abkühlen lassen.

3

Die Avocado mit einem scharfen Küchenmesser der Länge nach bis zum Stein durchschneiden. Durch Drehen der Hälften gegeneinander halbieren, den Stein herauslösen. Eventuell noch in der Höhlung sitzende Haut herauszupfen. Die Hälften dünn schälen und längs in etwa ½ cm dicke Scheiben schneiden, diese dann quer in Streifen schneiden. Mit 1 Eßlöffel Zitronensaft beträufeln, damit sie sich nicht verfärben.

4

Die Orange schälen und die weiße Unterhaut völlig entfernen. Die Orange in Scheiben schneiden und diese Scheiben vierteln; dabei alle Kerne entfernen.

5

Die Zwiebeln schälen und mit einem scharfen Messer in dünne Ringe schneiden (Seite 18/19).

6

Den restlichen Zitronensaft mit dem Cayennepfeffer, dem Zucker, dem schwarzen Pfeffer und dem Salz verrühren und das Olivenöl hinzufügen.

7

In einer großen Schüssel alle Salatzutaten mit den Hähnchenbrustfilets mischen und die Salatsauce darüberträufeln.

8

Die Kresseblättchen mit einer Schere abschneiden und über den Salat streuen.

Pro Person etwa 1690 kJ/400 kcal
25 g Eiweiß · 30 g Fett · 8 g Kohlenhydrate

Salat aus Hähnchenbrust und Avocado

So wird's gemacht

Salatgemüse vorbereiten

1 Von den Selleriestangen grobe Rippen oder sichtbare Fäden mit einem Messer von oben nach unten abziehen. Die Stangen dann in Scheibchen schneiden.

2 Von den Zucchini beide Enden entfernen. Junge Zucchini ungeschält verwenden.

3 Für Zucchiniwürfel die Früchte längs halbieren, die Hälften längs in Streifen und diese dann in Scheiben schneiden.

1

Reis körnig kochen

1 Langkorn- oder Naturreis in einem Sieb unter fließendem Wasser waschen, bis das abtropfende Wasser klar ist (Parboiled-Reis und Schnellkochreis nicht waschen).

2 Die angegebene Wassermenge mit dem Salz zum Kochen bringen, den Reis hineinschütten, einmal gut umrühren und bei ganz schwacher Hitze zugedeckt in 15 bis 20 Minuten ausquellen lassen.

3 Den gegarten Reis in einem Sieb kalt abbrausen und sehr gut abtropfen lassen.

1

Zwiebeln würfeln

1 Schneidbrett und Messer abspülen, aber nicht abtrocknen. Die geschälten Zwiebeln längs halbieren. Die Hälften dann senkrecht bis kurz vor das Wurzelende dünn ein-, aber nicht auseinanderschneiden.

2 Die Zwiebel dann drehen und gut zusammendrücken. Mit dem Messer nun waagerecht dünne Einschnitte bis kurz vor das Wurzelende anbringen. Das Wurzelende hält die Zwiebelhälfte zusammen.

3 Die Hälfte dann senkrecht in dünne Scheiben schneiden, sie zerfallen in Würfel. Für Ringe die Zwiebel quer in Scheiben schneiden, sie zerfallen dann zu Ringen.

1

2

3

3

2

3

Sechskorn-Salat

Ballaststoffreich, sättigend und vollwertig.

150 g gemischte Getreidekörner (Sechskorn-Mischung aus dem Reformhaus) · ½ l Wasser
½ Teel. Kräutersalz · 100 g Feldsalat
1 roter Apfel · 1 Teel. Zitronensaft
2 Eßl. Obstessig · 1 Teel. Ahornsirup oder Honig · je 2 Prisen Salz und weißer Pfeffer, frisch gemahlen
1 Eßl. Öl (am besten Distelöl)
200 g körniger Frischkäse
2 Teel. Hefeflocken (Reformhaus)

- Zeit zum Quellen: 10 Stunden
- Zubereitungszeit: 1 Stunde und 20 Minuten

1

Die Körner mit dem Wasser in eine Schüssel geben und 10 Stunden quellen lassen.

2

Die Körner dann im Einweichwasser mit dem Kräutersalz bei schwacher Hitze 1 Stunde zugedeckt schwach kochen lassen. Ab und zu nachsehen, ob noch genügend Wasser im Topf ist und bei Bedarf etwas Wasser hinzufügen.

3

Die Körner nach einer Stunde auf der abgeschalteten Herdplatte ganz langsam abkühlen und nachquellen lassen.

4

Den Feldsalat waschen. Die Wurzelenden der kleinen Stauden abschneiden und die Blätter abtropfen lassen. Große Stauden vierteln oder halbieren.

5

Den Apfel gründlich lauwarm waschen, abtrocknen, ungeschält vierteln, Stiel, Blüte und das Kerngehäuse entfernen. Die Apfelviertel in Würfel schneiden. Mit dem Zitronensaft beträufeln und mischen, damit sie sich nicht braun verfärben.

6

Den Essig mit dem Ahornsirup oder dem Honig, dem Salz und dem Pfeffer verrühren und mit dem Öl unter den Frischkäse mischen.

7

Die abgekühlten Körner mit dem Feldsalat, den Apfelwürfeln und dem angemachten Frischkäse mischen und mit den Hefeflocken bestreut servieren.

Pro Person etwa 1325 kJ/315 kcal
15 g Eiweiß · 14 g Fett · 32 g Kohlenhydrate

Sechskorn-Salat

Maissalat mit Hähnchenbrust

Ideal wäre frisch gepreßter Grapefruitsaft für diesen Salat.

400 g gebratene Hühnerbrüstchen (fertig gekauft)
1 große grüne oder rote Paprikaschote
1 säuerlicher Apfel · 2 Eßl. Zitronensaft
400 g Maiskörner aus der Dose
4 Eßl. Grapefruitsaft
je ½ Teel. Salz und Zucker
2 Eßl. Maiskeimöl · 1 Bund Schnittlauch
● Zubereitungszeit: 40 Minuten

1

Die gebratenen Hühnerbrüstchen von Haut und Knochen befreien und auf einem Brott in etwa 1 cm große Stücke schneiden.

2

Die Paprikaschote längs halbieren, von Stielansatz, Rippen und Kernen befreien, die Schotenhälften waschen, abtrocknen und auf einem Brett zunächst in dünne Streifen, dann in kleine Würfel schneiden.

3

Den Apfel gründlich lauwarm waschen, abtrocknen, ungeschält vierteln, vom Kerngehäuse befreien und die Apfelviertel würfeln. Die Würfel sofort mit 1 Eßlöffel Zitronensaft beträufeln, damit sie sich nicht braun verfärben.

4

In einer Schüssel die Maiskörner mit der Einlegeflüssigkeit, den Apfelwürfeln, den Paprikaschotenstücken und den Geflügelstücken mischen.

5

Den restlichen Zitronensaft mit dem Grapefruitsaft, dem Salz und dem Zucker gründlich verrühren, zuletzt das Öl untermischen.

6

Die Sauce noch einmal abschmecken, sie sollte nicht zu sauer sein, über den Salat gießen und alle Zutaten behutsam miteinander vermengen.

7

Den Schnittlauch waschen, grobe Enden entfernen, trockenschleudern und mit einer Schere in Röllchen schneiden. Den Salat mit den Schnittlauchröllchen bestreuen.

Pro Person etwa 1240 kJ/295 kcal
27 g Eiweiß · 8 g Fett · 29 g Kohlenhydrate

Maissalat mit Hähnchenbrust

Gemüsesalat mit Schinken

Nur mit tiefgefrorenem Gemüse so schnell zuzubereiten.

2 Pakete tiefgefrorenes junges
Sommergemüse (900 g) · 2 Prisen Salz
200 g gekochter Schinken ohne Fettrand
100 g Emmentaler Käse
4 mittelgroße Tomaten
100 g Salatmayonnaise (50% Fett)
½ Teel. Salz · ¼ Teel frisch gemahlener
weißer Pfeffer · 2 Teel. Paprikapulver,
edelsüß · ½ Bund Schnittlauch
● Zubereitungszeit: 40 Minuten

1

Etwa ¼ l Wasser zum Kochen bringen. Das tiefgefrorene Gemüse mit dem Salz ins sprudelnd kochende Wasser geben und zugedeckt bei schwacher Hitze nach Vorschrift auf der Packung garen.

2

Den Schinken auf einem Brett mit einem scharfen Messer in gleich kleine Würfel schneiden.

3

Vom Käse die Rinde entfernen und den Käse in ebenso kleine Würfel schneiden wie den Schinken.

4

Die Tomaten am stiellosen Ende kreuzweise einritzen, mit kochendheißem Wasser überbrühen und 2 bis 3 Minuten darin liegen lassen, dann mit kaltem Wasser abschrecken und die locker aufgesprungene Tomatenhaut abziehen. Die etwas abgekühlten Tomaten zunächst in Scheiben schneiden und dabei die harten Stielansätze entfernen. Die Scheiben dann in Streifen schneiden.

5

Das gare Gemüse in ein Sieb über einer Schüssel schütten und das Kochwasser auffangen.

6

Die Mayonnaise mit so viel vom Kochsud verrühren, daß eine geschmeidige Sauce entsteht. Das abgekühlte Gemüse mit den Schinken- und Käsewürfeln und den Tomatenstreifen sowie mit dem Salz, dem Pfeffer und dem Paprikapulver in einer genügend großen Schüssel locker mischen.

7

Den Schnittlauch lauwarm abbrausen, gründlich trockenschleudern und mit einer Küchenschere in Röllchen schneiden.

8

Die Mayonnaisensauce über den Salat träufeln und darüber den Schnittlauch streuen.

Pro Person etwa 2305 kJ/550 kcal
26 g Eiweiß · 33 g Fett · 37 g Kohlenhydrate

Gemüsesalat mit Schinken

Salat aus Vollkornnudeln

Salate aus Vollkornnudeln müssen besonders kräftig gewürzt werden.

3 l Wasser · 1½ Teel. Salz · 1 Teel. Öl
250 g Vollkornhörnchen
100 g Zungenwurst im Stück
200 g süßsauer eingelegte Kürbisstücke
200 g Salatgurke · 2 Eßl. Obstessig
½ Teel. Salz · 4 Eßl. Salatmayonnaise
(50% Fett) · 5 Eßl. Magerjoghurt
1 Teel. Zucker · 1 Teel. Zitronensaft
1 Prise Cayennepfeffer · ½ Kästchen Kresse
● Zubereitungszeit: 1 Stunde

1

Das Wasser mit dem Salz und dem Öl zum Kochen bringen. Die Nudeln ins kochende Wasser schütten, gründlich umrühren und die Nudeln im offenen Topf nach Angaben auf der Packung garen.

2

Von der Wurst die Haut abziehen und die Wurst in Stifte oder Würfel schneiden.

3

Die Kürbisstücke in gleich kleine Würfel schneiden und 2 Eßlöffel der Kürbisflüssigkeit beiseite stellen.

4

Die Salatgurke waschen, abtrocknen und ungeschält ebenfalls in etwa 1 cm große Würfel schneiden.

5

Die Vollkornhörnchen in einem Sieb über der Spüle kalt abbrausen und gründlich abtropfen lassen.

6

Den Obstessig mit dem Salz und dem Kürbissaft mischen.

7

Die gut abgetropften Nudeln mit den Zungenwurststücken, den Kürbis- und Gurkenwürfeln in einer Schüssel vermengen und mit dem Essiggemisch beträufeln.

8

Die Mayonnaise mit dem Joghurt, dem Zucker, dem Zitronensaft und dem Cayennepfeffer verrühren. Die Sauce unter den Salat heben.

9

Die Kresseblättchen mit einer Küchenschere abschneiden und über den Salat streuen.

Pro Person etwa 1730 kJ/410 kcal
15 g Eiweiß · 18 g Fett · 47 g Kohlenhydrate

Salat aus Vollkornnudeln

Reissalat mit Staudensellerie

Ein besonders vitaminreicher Salat.

½ l Wasser · ½ Teel. Salz
250 g Langkornreis (nach Belieben Naturreis) · 4 Stangen Staudensellerie
2 Scheiben Ananas aus der Dose
1 kleine Orange · 1 kleine Staude Chicorée
1 Bund Basilikum · Saft von 1 Blutorange
2 Teel. Zitronensaft · 1 Eßl. Keimöl
½ Becher Magerjoghurt · 6 Eßl. Sahne
1 Prise Zucker

- Zubereitungszeit: 50 Minuten
- Zeit zum Durchziehen: 40 Minuten

1

Das Wasser mit dem Salz zum Kochen bringen, den Reis einstreuen, einmal gut umrühren und dann zugedeckt bei schwacher Hitze in 15–20 Minuten ausquellen lassen. Der Naturreis benötigt zum Ausquellen 40 Minuten (Seite 18/19).

2

Vom Sellerie die groben Fasern abziehen, die Stangen waschen, abtrocknen und in Scheiben schneiden (Seite 18/19).

3

Die Ananasscheiben abtropfen lassen und in kleine Stücke schneiden.

4

Die Orange schälen, von der weißen Unterhaut sorgfältig befreien, in Spalten teilen und die Spalten in kleine Stücke schneiden; die Kerne entfernen.

5

Vom Chicorée die äußeren schlechten Blätter entfernen, die Staude waschen, abtrocknen, das Wurzelende entfernen und den Chicorée in dünne Streifen schneiden.

6

Das Basilikum kalt abbrausen, gut trockenschleudern, die Blättchen von den Stielen zupfen und in Streifen schneiden und zugedeckt beiseite stellen.

7

Den Orangensaft mit dem Zitronensaft, dem Keimöl und dem Magerjoghurt verrühren.

8

Die Sahne mit dem Zucker mit einem Schneebesen steif schlagen.

9

Die Salatsauce mit der Sahne unter den Salat heben und alles gründlich mischen. Etwa 40 Minuten bei Raumtemperatur durchziehen lassen. Vor dem Servieren mit dem Basilikum bestreuen.

Pro Person etwa 1315 kJ/315 kcal
7 g Eiweiß · 8 g Fett · 57 g Kohlenhydrate

Reissalat mit Staudensellerie

Thunfischsalat mit Tomaten

Ein beliebter Salat, den man gut vorbereiten kann.

300 g Kartoffeln · 1 Prise Salz
300 g tiefgefrorene Erbsen
4 mittelgroße Tomaten · 2 Zwiebeln
300 g Thunfisch naturell
2 Eßl. Weinessig · ½ Teel. Salz
je 1 Prise weißer Pfeffer,
frisch gemahlen, und Zucker
3 Eßl. Keimöl · 1 Bund Schnittlauch

- Zubereitungszeit: 1 Stunde
- Zeit zum Durchziehen: 2 Stunden

1

Die Kartoffeln unter fließendem Wasser gründlich bürsten. In einen Topf geben und so viel heißes Wasser hinzufügen, daß sie gerade davon bedeckt sind. Den Topf zudecken. Die Kartoffeln bei mittlerer Hitze zum Kochen bringen und je nach Größe in 25–30 Minuten garen.

2

Etwa 1 Tasse Wasser mit dem Salz in einem kleinen Topf zum Kochen bringen, die gefrorenen Erbsen hineinschütten und zugedeckt 3 Minuten kochen lassen, dann in ein Sieb schütten, kalt abbrausen und abtropfen lassen.

3

Die Tomaten waschen, abtrocknen und achteln. Dabei die harten Stielansätze ausschneiden. Die Zwiebeln schälen und würfeln (Seite 18/19).

4

Den Thunfisch aus der Dose gut abtropfen lassen und in etwa 3 cm große Stücke zerteilen.

5

Den Weinessig mit dem Salz, dem Pfeffer und dem Zucker verrühren, das Öl hinzufügen und die Salatsauce zugedeckt stehen lassen.

6

Den Schnittlauch kalt abbrausen, trockenschleudern und mit einer Küchenschere in Röllchen schneiden.

7

Die Kartoffeln abgießen, kalt abbrausen, die Schalen abziehen und die Kartoffeln abkühlen lassen.

8

Die lauwarmen Kartoffeln in Würfel schneiden und mit allen Salatzutaten mischen. Den Salat zugedeckt 2 Stunden durchziehen lassen.

Pro Person etwa 1820 kJ/435 kcal
26 g Eiweiß · 24 g Fett · 29 g Kohlenhydrate

Thunfischsalat mit Tomaten

Wurstsalat mit Kresse

Würzig, herzhaft und sehr sättigend.

300 g Schinkenwurst im Stück
200 g Emmentaler Käse im Stück
1 rote Paprikaschote · 1 Gewürzgurke
1 Zwiebel · 1 Eßl. Weinessig
2 Eßl. Tomaten-Ketchup
2 Eßl. Salatmayonnaise (50% Fett)
3 Eßl. saure Sahne
½ Kästchen Kresse
● Zubereitungszeit: 30 Minuten

1

Von der Schinkenwurst die Haut abziehen. Die Wurst in etwa 1 cm dicke Scheiben schneiden und diese würfeln.

2

Vom Emmentaler Käse die Rinde abschneiden, den Käse ebenfalls in 1 cm breite Scheiben schneiden und diese würfeln.

3

Die Paprikaschote längs halbieren, vom Stielansatz, den Rippen und Kernen befreien, die Schotenhälften waschen, abtrocknen und ebenfalls würfeln.

4

Die Gewürzgurke halbieren, die Hälften durchschneiden und diese ebenfalls würfeln.

5

Die Zwiebel schälen und in Würfel schneiden (Seite 18/19).

6

Den Weinessig mit dem Tomaten-Ketchup, der Mayonnaise und der sauren Sahne gründlich verrühren und unter die Salatzutaten heben.

7

Die Blättchen der Brunnenkresse mit der Küchenschere von den Stielen schneiden und über den Salat streuen.

Pro Person etwa 2095 kJ/500 kcal
23 g Eiweiß · 42 g Fett · 6 g Kohlenhydrate

Wurstsalat mit Kresse

1. Auflage 1986

Farbfotos: Odette Teubner
Reproduktionen: Brockmann GmbH
Gesamtherstellung: Ludwig Auer GmbH
ISBN 3-7742-5838-4